GOLIATH
and
WEE DAVIE
Jimmie Macgregor

Illustrated by Dorothy Whitaker

RICHARD DREW GLASGOW

First published 1990 by
Richard Drew Publishing Ltd
6 Clairmont Gardens
Glasgow G3 7LW Scotland

British Library Cataloguing in Publication Data

Macgregor, Jimmie
Goliath and wee Davie.
1. Bible. O. T. Samuel, 1st. David, King of Israel, & Goliath
I. Title
222.430922

ISBN 0-86267-277-5

Printed and bound by
Eagle Press plc, Blantyre

Ah've goat a story Ah'd like fur tae tell,
Ah hope yiz'll like it, but if no', please yersel.
It concerns a wee punter who wiz destined fur fame,
He lived up in Springburn, and Davie wiz his name.

Noo, wee Davie's Da had been yunks oan the b'roo,
An' the faimily decided fur tae try pastures new;
So they dived doon tae Gourock an' took a hurl oan this boat,

An' efter a while, tae Judea they goat.

Well, Judea's no' jist quite the place ye wid choose as
Yer hame, 'cos it's foreign, an' there isny nae boozers.
There's hunners o' saun' there, but no' much cement,
So the folk steyed in boathies, or sometimes a wee tent.

The folk in Judea wiz a' four-be-twos,
Which, fur a blue nose fae Springburn wiz pretty bad news;

But wee Davie, he didny mind it ata',
"It's a wee bit like Saltcoats," he says tae his Maw.
"Quite right," says the auld yin, "'cept there's no as much rain;
In fact, it's a rerr place fur tae bring up a wean."

Well, it seems that the Judies wiz coppin' a loata bother,
Fae a team ca'd the Philthisweins, or somethin' or other,

An' the wan that wiz especially incurrin' their wrath,
Wiz this right big hard ticket, ca'd Goliath, fae Gath.

It appears that this punter wiz aboot fourteen feet high,
An he dived aboot smotin folk, baith hip an' thigh;
So the Judies' Heid Bummer, he goat that uptight,
He decided tae convene a wee meetin' wan night.

An' they a' trauchled doon tae the Judea Burgh Hall,
Includin' wee Davie, nae borrer at all.

The gaffer o' the Judies wasted nae time ata',
An' he telt them, "This heid-banger's gi'en us Haw-Maw.
An whit we require is a brave Volunteer,
Tae pap the big eedgit right oot oan his ear."

As he said this, he meaningfully gazed round the room,
But the four-be-twos twigged, an' they a' steyed dead schtum.

Then up jumps wee Davie, an' he shouts tae the geezer,
"Ah'll hae a go at him. Haw Faither, see's ower
Ma hammer an' chain, an' ma chib an' a' rat,
An' ah'll pit the hems oan yon Philthiswein twat."

"Ah'm black burnin' affrontit," says wee Davie's Da.
"You're gi'en me a right showin'-up, so ye are."
An gi'en a kinna curtsey, he wheechs aff the hat,
"Jist ignore the wee barra, he's ayewiz like that."

But the Judies' heid man, clutchin' at straws,
Shakes wee Davie's haun', then his Paw's, and his Maw's.
"Good on ye wee man, ye'll be gled that ye done it;
Gie him two wi' the berr heid an' wan wi' the bunnet.
But the hammer an' chib ah don't think is quite ferr.
If yer gonny have a go, have a go that is squerr."

So that wiz agreed, an' aff they a' went
Tae the place where Goliath wiz kippin' in his tent:

Well — it wiz merr a marquee, wi' oak trees fur poles,
An' the big man wiz lyin' therr wi' his feet stickin' oot holes.

"Hey you!" squeals the wee yin, as they goat within sight;
"Ya maukit big bean-plunker, come oan oot an' fight."
Well — a wee kinna pause, then a voice like a bugle
Belts oot, an' the grun a' aroon' starts tae shoogle;

An' oot comes a man that could winch Two-Ton Tessie.
This guy makes Giant Haystacks look like a jessie.
He's covered in herr fae napper tae toes,
He's goat plooks oan his coupon an' warts oan his nose,
A face ye might see in the worst o' yer dreams,
An' a beard like a mattress that's burstit its seams,
A big perr o' shooders aboot seven feet wide,
An' a chist like a biler that's built oan the Clyde.

An' he roars, "Thou wee bachle, don't derr thee come near,
Or thou'll get such a helluva skelp roon' the ear,
Ah'll leather thy breeks an' rattle thy jaw,
An' send thee aff bubblin', back hame tae thy Maw!"

"Aye, you an' whit army?" the wee yin replies,
"Don't think Ah'm bamboozled because o' yer size!"

But seein' that the big man wiz gettin' quite ratty,
He fitted a wee chuckie stane tae his catty-
Pult; wheeched back the elastic wi' the greatest o' speed,

An' banjoed the Philthiswein right atween the heid.

Well, Goliath wiz stunned an' he wheenged an' he moaned,
He'd oaften been bevvied, but he'd never been stoned:
An' forbye, he wiz scunnered tae know that he'd loast,
Tae a gallus wee smout, five feet at the most.
Says Davie, "The bigger, the harder they fall,
Guid gear in sma' bulk, an' tit's good for tat,
An' money a mickle maks a muckle . . . ."
(An' a loada rubbish like that.)

Deserves Ye right!

But by this time, the big yin wiz peyin' nae heed,
He jist said wan sweerie word, cowped ower, an' de'ed.

Wee Davie stuck the boot in, tae make sure he wiz deid,
Then he took oot his gutty knife, an' cut aff his heid.

Then the heavyweight's chinas, they a' gethered roon'
An' they oxtered him aff tae the mortuary doon toon.

But the automatopsy gied them a' a surprise,
When they tried tae surmise whit had caused his demise.
Fur it wisnae the chuckie that wee Davie plunked,
But something quite different that had made him defunct.
He'd been leatherin' the bevy the previous night,
An' had a few loud yins tae prepare for the fight;
The big man wiz an alky, withoot any doot,
An' at the crucial meenit, the liver gie'd oot.

Noo the moral o' ma tale must be plain tae yiz a',
Fur it wizny wee Davie that gubbed him ata'.
So if you meet a man, fourteen feet an' two ton,
Don't be like Davie, screw the boabin, an' run.